RÉUNION

DES

ANCIENS MOBILES

de la Savoie et de la Haute-Savoie

22 JANVIER 1893

CHAMBÉRY

IMPRIMERIE SAVOISIENNE, RUE DU CHATEAU

1893

RÉUNION

DES

ANCIENS MOBILES

de la Savoie et de la Haute-Savoie

22 Janvier 1893

CHAMBÉRY

IMPRIMERIE SAVOISIENNE, RUE DU CHATEAU

1893

RÉUNION

DES

ANCIENS MOBILES

DE LA SAVOIE ET DE LA HAUTE-SAVOIE

22 JANVIER 1893

> « Courage !... il n'y a de vaincus
> que les morts. »
>
> Paroles du capitaine de Cordon au commandant
> Costa de Beauregard, tombé blessé sur le champ de
> bataille de Béthoncourt.

Pendant la campagne de 1870-1871 contre l'Allemagne, le département de la Savoie a mis sur pied deux bataillons de garde nationale mobile et une batterie d'artillerie.

L'effectif des combattants était de 2,738 hommes.

Les pertes ont été de :

   1ᵉʳ Bataillon........ 149

   2ᵉ   — 91

   Artillerie.......... 3

La Haute-Savoie avait fourni trois bataillons.

L'effectif des combattants était de 3,173 hommes.

Les pertes ont été de 118.

La campagne, commencée dans les pénibles conditions que chacun connait, se terminait au mois de janvier 1871, au milieu des cruelles souffrances d'un hiver rigoureux, par les deux sanglants épisodes de Béthoncourt, pour le 1ᵉʳ bataillon de la Savoie, et d'Héricourt, pour le 2ᵉ.

A Beaune-la-Rolande et à Béthoncourt, des monuments commémoratifs ont été élevés à la mémoire de nos soldats morts pour la patrie.

Après la rentrée des troupes prisonnières en Allemagne, un service solennel a été célébré en leur honneur dans la Cathédrale de Chambéry.

Puis le silence s'est fait.

Bien des événements se sont accomplis dès lors ; la mort a fait bien des vides dans les rangs des vaillants soldats qui ont tenu si haut, en 1870, le drapeau du pays.... Et cependant ces douloureux et fortifiants souvenirs sont restés vivants comme au premier jour.

Un groupe des survivants a conçu la généreuse pensée d'interrompre la prescription qui court sur les ailes du temps et de provoquer une réunion patriotique destinée à les consacrer, à les rajeunir et à resserrer les liens existant entre des compagnons de guerre ayant partagé les mêmes souffrances, les mêmes privations et les mêmes périls.

Une première réunion préparatoire a eu lieu à l'Hôtel-de-Ville de Chambéry. Un comité d'organisation a été formé sous la présidence de M. de Buttet (Edouard), ancien lieutenant au 1er bataillon de Savoie, et composé de MM. Ch. Chenu, Ed. Barlet, Cl. Gotteland, anciens sous-officiers, et de MM. F. Folliet, M. Noirat et J.-L. Tardy.

Le comité a décidé de fixer le jour de la réunion au dimanche 22 janvier et de faire appel, au nom du 1er bataillon et de la batterie d'artillerie qui en avaient pris l'initiative, aux Mobiles du 2e bataillon de la Savoie et des trois bataillons de la Haute-Savoie.

Cet appel a été entendu. De nombreuses adhésions n'ont pas tardé à parvenir au comité, entre autres celles du marquis Costa de Beauregard et du Père Jutteau, ancien aumônier. Ce dernier avait eu la pieuse pensée de prévenir ses anciens camarades qu'il célébrerait une messe pour le repos de l'âme des Mobiles défunts.

*
* *

Malgré la rigueur de la température, une centaine de nos anciens compagnons d'armes, appartenant aux différents corps et venus de tous les points des deux départements, et parmi lesquels on remarquait de nombreux blessés et médaillés, se trouvaient réunis dans la chapelle Saint-Benoît, ornée de drapeaux et de panoplies.

La messe y a été célébrée à neuf heures du matin.

A l'Evangile, le Père Jutteau a prononcé l'allocution suivante :

Messieurs et bien chers amis,

Vous avez voulu donner à nos frères défunts la première pensée de ce grand et beau jour. Vous avez bien fait. Ceux que nous avons perdus sont encore des nôtres. Le coup qui les a frappés n'a pu que nous les rendre plus chers et resserrer les liens qui nous unissent à eux. C'est dans une église chrétienne que vous avez voulu honorer leur mémoire. Rien ne convenait mieux. En les touchant, la mort les a sacrés, elle leur a imprimé je ne sais quel caractère de majesté sainte. C'est surtout en face de Dieu, au pied des autels qu'on peut dignement évoquer leur souvenir et prononcer leur nom.

Depuis quelques années, il s'est produit dans notre France entière un mouvement touchant. On s'est souvenu de ces innombrables soldats qui ont succombé dans notre dernière guerre, on les a entourés d'une sorte de culte pieux , on a multiplié pour eux les prières, les cérémonies saintes, les plus éclatantes et plus patriotiques manifestations.

Vous ne pouviez rester étrangers à ce mouvement. Parmi toutes les provinces de France, en est-il une qui ait été plus douloureusement éprouvée que votre Savoie ? Et dans la Savoie, n'est-ce pas sur notre cher premier bataillon que sont tombés les coups les plus terribles ?

Je n'ai pas besoin, Messieurs, de raviver vos souvenirs ; il est de ces choses, hélas! qui de la vie entière ne sauraient s'oublier.

Je vois encore arriver sur notre terre orléanaise , ces douze cents Savoyards que je ne connaissais pas alors et auquel Dieu m'allait bientôt si intimement unir. Quelle vigueur! quel entrain! quel enthousiasme ! quelle joie un peu bruyante, peut-être, mais si bonne et si franche ! Attendons quelques mois ! Nous sommes sur les flancs du Jura, à deux pas de cette Suisse qui bientôt va nous offrir asile. Qu'est donc devenu toute cette brillante jeunesse ? Des vêtements en haillons, des chaussures trouées, des visages amaigris, des âmes abattues! Et que de vides, que d'affreux vides dans leurs rangs! Aujourd'hui, après vingt-deux ans, je reviens au milieu d'eux : je demande quel est le sort de ceux que j'ai si bien connus et si sincèrement aimés. Trop souvent, hélas! je n'entends qu'une douloureuse réponse : Ce soldat n'est plus ; il y a dix ans, un an, un mois, que nous l'avons perdu.

Que la mort ait fait parmi nous de si nombreuses victimes, personne n'en est surpris. Nous avons passé par tant de souffrances, nous avons couru tant de périls !

Les privations, la faim, le froid, est-il une seule douleur que nous n'ayons connue? Nous avons vu la Beauce avec ses boues, le Berry avec ses plaines glacées, l'Est avec ses marches incessantes, avec ses longs jours sans pain, avec ses nuits sous la neige. L'affreuse maladie n'avait-elle pas beau jeu contre nous ? Les plus robustes eux-mêmes n'y devaient-ils pas trouver des causes d'infirmités précoces et des germes de mort ?

Et puis les Prussiens étaient là ! Pendant ces cinq mois terribles où la France tenta, pour échapper à l'étreinte du vainqueur, de si héroïques et si admirables efforts, il ne s'est pas tiré un coup de fusil sans que nous en fussions, et souvent (nous avons le droit d'en être fiers), c'était le premier rang, le rang du plus grand danger qu'on nous assignait. Neuville, la Forêt d'Orléans, les Tranchées, Salbris, Montbéliard, Béthoncourt, Sombacourt, les Verrières, que de noms nous n'oublierons jamais ! Parmi ces nombreuses provinces que les nécessités de la guerre nous ont fait parcourir, je me demande s'il en est une à laquelle nous n'ayons laissé en souvenir quelques corps de nos braves !

J'ai prononcé un nom qui aujourd'hui, en cet anniversaire, est dans toutes nos âmes et sur toutes nos lèvres. J'ai parlé de Béthoncourt ! chers et héroïques Mobiles ! Je les vois encore après cette solennelle prière qui précéda le combat, se jeter dans la vaste plaine, avec un élan qu'aucune parole humaine ne parviendra jamais à dépeindre. Je les vois, recevant sans fléchir, sans s'arrêter, sans s'émouvoir même la première des terribles décharges. C'est par centaines qu'ils tombent à mes côtés : les uns sont foudroyés, les autres s'agitent en d'affreuses convulsions sur la neige ensanglantée. Plusieurs se soulèvent, ils voient l'ennemi qui avance, ils veulent échapper aux profanations suprêmes ; ils se traînent dans quelque fossé, sous quelque arbre du bois, dans une cabane de bûcherons, pour y terminer dans l'isolement, dans l'abandon, au milieu de tortures sans nom, leur effrayante agonie.

Oh non ! de telles scènes ne s'oublient jamais ! et nous ne pouvions nous revoir aujourd'hui sans nous rappeler avant tout ces nobles et grands martyrs du patriotisme et du devoir.

Du reste, vous n'avez pas attendu aussi longtemps pour offrir à vos chers tués de la guerre l'hommage de votre admiration, ainsi que l'expression de votre fidèle souvenir. Il y a aujourd'hui 21 ans que sur le lieu même de la bataille, au cœur de ce cimetière d'où étaient partis contre nous tant de coups terribles, vous éleviez à vos morts un monument grandiose ; et je me rappelle encore quelle était l'émotion de nos âmes, quand, en votre nom à tous, j'adressais un adieu suprême à ceux dont les restes allaient désormais reposer si loin de nous.

Ce que nous avons fait il y a 21 ans, ce que nous faisons aujourd'hui, nous le ferons toujours.

Jusqu'à la dernière heure de notre vie, il nous restera, vis-à-vis de nos bien-aimés défunts, une double dette, à laquelle nous n'aurons jamais complètement satisfait, une dette d'admiration et une dette de prières.

J'ai parlé d'admiration : ne voyez pas dans ce mot l'effet d'une pieuse exagération, j'affirme qu'il ne convint jamais mieux.

Je me suis promis, quels que fussent mes secrets désirs, de ne faire l'éloge d'aucun de ceux qui vivent. Ils m'en voudraient et à bon droit. Tout entiers à la joie de nous revoir, nous n'avons tous ici qu'un désir, celui de nous oublier nous-mêmes. Mais je suis à l'aise pour parler de nos morts.

Où trouvera-t-on ailleurs une telle grandeur morale ? Partir sans hésiter, sans murmurer, au premier appel du pays en danger ; se jeter à corps et à cœur perdus dans les souffrances et dans les périls

d'une guerre épouvantable, alors qu'on
n'a jamais connu que les douces jouis-
sances du foyer paternel, alors qu'on n'a
manié d'autres armes que les inoffensifs
instruments du travail ; se ruer contre
l'ennemi, quand l'ennemi est mille fois
plus fort, quand on sait qu'on ne pourra le
vaincre, quand on est certain que même
en succombant on ne retardera pas d'une
minute le dénouement fatal ; faire tout
cela par devoir, uniquement par devoir,
pour une patrie que l'on aime sans doute,
mais à laquelle on appartient depuis quelques années à peine, dont on n'a pas eu le
temps encore de goûter les bienfaits et de
connaître les grandeurs. Je prétends que
s'il y a quelque part de l'héroïsme, il est
certainement là... Et je m'incline... Et je
trouve dans ce spectacle un encourage-
ment et une force. Je me dis qu'une nation
qui renferme de tels éléments est loin
d'être perdue. Je me dis qu'elle peut être
frappée, écrasée, mutilée, mais qu'on
n'aura jamais le droit de l'appeler vaincue.
Au milieu de tant de malheurs, et il faut
bien l'ajouter aussi de tant de défaillan-
ces, il est bon d'arrêter un instant son
âme sur de tels souvenirs. Cela repose,

cela relève, cela permet d'envisager l'avenir sans de trop mortelles angoisses !

Nos chers disparus de la guerre ont droit à notre admiration, mais ils ont droit encore à quelque chose qui vaut mieux que notre admiration, ils ont droit à nos prières.

Vous avez la foi, mes amis, vous l'avez forte et grande ; vous m'en avez donné souvent l'éclatant témoignage. Vous êtes persuadés que de ceux que nous avons perdus, il reste autre chose que ces ossements blanchis abrités là-bas par la pierre de Béthoncourt. Vous croyez à leurs âmes, c'est sur leurs âmes surtout que vous portez vos pensées, puisque ces âmes sont désormais tout ce qui subsiste d'eux.

Certes, j'aime à l'espérer, les âmes de nos regrettés amis sont maintenant heureuses. Après tant de souffrances, le coup qui les frappait n'a pu que leur ouvrir les portes d'une vie meilleure. Dieu a, et doit avoir, pour le soldat qui tombe au champ d'honneur des miséricordes infinies. N'est-ce pas un vrai martyr ? Le patriotisme, en même temps qu'il est vertu naturelle, n'est-il pas vertu chrétienne ? Quand on obéit jusqu'à l'héroïsme, jusqu'au sacrifice

complet, jusqu'à la mort, à l'ordre qu'im-
pose Dieu d'aimer son pays, n'a-t-on pas
droit de sa part à un salaire auguste ? —
Et puis, ajoutons-le, nos chers Savoyards
étaient si franchement, si solidement
chrétiens ! Que d'incomparables souvenirs
ils ont laissés à ce prêtre qui était devenu
un des leurs ! Je les vois encore se diri-
geant à mon premier appel vers ces églises
des villages où les conduisaient les hasards
de nos marches, je les vois se groupant
autour de ces chaires du haut desquelles
je leur redisais mes conseils de prêtre et
de père, je les vois élevant des autels dans
les champs, dans les cimetières, dans les
granges de fermes, dans les gares de che-
mins de fer, partout ; et assistant en armes, avec une admirable attitude de foi, à
nos divins mystères. Je les vois s'appro-
chant du ministre de Dieu pour solliciter
le pardon de leurs fautes. C'est en tout
lieu qu'ils le cherchent, dans les églises,
dans le camp, au bivouac, au milieu même
de nos marches forcées, jusque sur les
rangs, en face de l'ennemi... Je les vois
à Béthoncourt... Pourrais-je à cette heure
oublier ce fait sublime entre tous ? Vous
avez donné là un exemple unique peut-

être dans toute l'histoire de notre triste
guerre. Cet exemple, on l'a cité à votre
honneur dans les chaires les plus fameuses
de notre Eglise de France, j'ai bien le droit
de le redire devant vous. Le clairon, ce
clairon que je revois encore dans vos
rangs, allait donner le signal du départ
pour le terrible assaut. Notre bon et cher
commandant fait un signe ; vous vous
jetez à genoux, tous sans exception ; tous
vous courbez la tête ; tous vous recevez,
des mains tremblantes de votre aumônier,
le grand pardon de Dieu. Quel moment !
Il me semble encore vous voir..... Vos
yeux sont pleins de larmes. Ce ne sont
pas les larmes de la crainte. Ah ! la crainte,
vos cœurs de savoyards ne l'ont jamais
connue ! Non ; ce sont les larmes de la
plus profonde et de la plus noble émotion
qui se soit jamais produite dans les âmes
humaines. Vous partez....., vous vous
battez comme des lions, vous vous lancez
sans même songer un instant à vous arrêter, au milieu d'une grêle de balles et
d'obus ; presque tous vous tombez.....
Après tout, qu'aviez-vous à redouter ? Ne
sentiez-vous pas, se reposant sur vous,
le regard de ce grand Dieu, dont la toute

puissante absolution venait de passer sur
vos âmes ?

Ah ! ceux qui périrent étaient sûrs de
leur sort. A tant de misères, de privations, de souffrances atroces, de poignantes
humiliations, succédaient un repos et des
joies que rien ne devait troubler.

Oui, tout cela est vrai, absolument
vrai ; je le crois de toute l'énergie de ma
foi chrétienne. Et pourtant, la justice
divine a parfois de sévères exigences ! Qui
sait si quelques-uns de nos frères n'au-
raient pas encore besoin d'un soulage-
ment ? Prions pour eux. Vous le ferez
dans un instant, durant ce sacrifice
auguste offert en leur souvenir, faites-le
souvent, faites-le toujours. — Vous parlez,
vous les vivants, de vous unir ensemble
par des liens plus étroits, de vous engager
à vous soutenir mutuellement contre les
épreuves de ce monde. Très bien ! mais
n'excluez pas nos morts de cette bienfai-
sante et généreuse union.

Pour moi, mes chers amis, je réalise à
cette heure un des désirs les plus chers
de ma vie. Je vais prier devant vous et
avec vous pour ceux que j'ai tant aimés et
qui, pour la plupart, sont tombés sous mes

yeux. En recommandant à Dieu ceux qui
ne sont plus, je me garderai bien d'oublier
ceux qui restent.

Qu'il vous bénisse ! qu'il vous accorde,
après une jeunesse si durement éprouvée,
une maturité et une vieillesse heureuses ;
qu'il comble de ses biens vos épouses et
vos fils ; qu'il vous conserve cette foi
chrétienne, dans laquelle vous avez trouvé,
à l'heure de nos grandes douleurs, la consolation et la force ; qu'il vous maintienne
jusqu'à la fin dans l'énergique pratique
du devoir religieux, et qu'ainsi il vous
mette à même de recevoir un jour, dans
son éternité, la légitime récompense de
tant de travaux, de tant de souffrances et
de tant d'héroïsme.

Ainsi soit-il.

A l'Élévation, les clairons sonnent
aux champs ; l'*Harmonie* exécute en-
suite, sous l'habile direction de M.
Wüst, la marche funèbre de Chopin.

Au moment où le marquis Costa
sortait de l'église, un mobile s'ap-
proche de lui et se jette dans ses bras :
c'est le clairon qui, à Béthoncourt,
sonnait la charge à côté de son com-

mandant et qui y eut la main traversée
d'une balle. Ce brave soldat est heureux de revoir son chef, il l'étreint en
pleurant, il lui rappelle que tous deux
ont été blessés ensemble. Cette scène
a vivement impressionné la foule qui
y assistait.

Puis le cortège se forme devant le
Café Noirat et se rend, drapeau et mu-
sique en tête, à l'Hôtel des Princes.
Durant tout ce trajet, la foule s'est
respectueusement découverte ; elle sa_
luait en silence, dans un cadre rappelant l'hiver de 1870, le passage d'un
glorieux souvenir.

A midi a eu lieu le banquet, splen-
didement servi et présidé par le marquis Costa, ayant à sa droite le Père
Jutteau et à sa gauche M. de Saint-
Jean, capitaine de la compagnie des
Voltigeurs du 1er bataillon de la Haute-
Savoie. A la table d'honneur avaient
également pris place M. Mossière, ancien colonel d'une légion de Mobilisés de la Savoie, et les officiers et
sous-officiers des différents corps.

La salle est décorée de drapeaux et
de cartouches rappelant les princi-
pales affaires auxquelles les Mobiles
avaient pris part.

Au dessert, M. le marquis Costa se
lève et salue en ces termes ses chers
compagnons d'armes :

Je veux vous dire, mes chers amis,
combien je suis heureux de me retrouver
au milieu de vous. Je le suis d'autant
plus que la politique demeure étrangère
à notre réunion. Elle n'était pas jadis à la
peine, elle ne doit pas être aujourd'hui à
l'honneur. Ce qui est à l'honneur, c'est
notre camaraderie, c'est le souvenir de
nos communes misères, souvenirs, hélas !
bien lointains déjà....

Mais le cœur, heureusement, ne gri-
sonne pas comme la tête ; il ne s'alourdit
pas comme le reste de notre pauvre nous-
même. Je retrouve dans mon cœur, et
toujours jeune, l'affection que je vous
portais lorsque j'avais le grand honneur
de vous conduire au feu.

Quels admirables soldats vous étiez.

Tenez, je vous dois la plus violente et,
à la fois, la plus douce émotion de ma
vie : — C'était le soir de la bataille de

Béthoncourt. Comme j'étais rapporté dans ce village dont l'attaque venait de nous être si fatale, un officier supérieur prussien me croise; il s'arrête et salue le prisonnier :

— « C'est vous, Monsieur, qui commandiez l'attaque?

— « Oui, Monsieur.

— « C'était beau..., braves soldats.... »

Eh bien, c'était à vous, ô mes soldats, que l'ennemi rendait ainsi justice. C'était à vous que remontait cet éloge qui, après vingt-deux ans, gonfle encore mon cœur d'orgueil et remplit mes yeux de larmes.

Qu'alliez-vous donc chercher ainsi sous les balles prussiennes? Espériez-vous encore la victoire? Non, vous n'espériez rien. Vous vouliez seulement continuer notre tradition militaire qui, depuis 600 ans, est faite chez nous de la sève des morts.

Et voilà pourquoi je salue les 72 camarades qui, là-bas, dans le petit cimetière de Béthoncourt, dorment leur glorieux sommeil.

Ils sont là pour marquer la place de notre Savoie sur la frontière et pour en montrer quelque jour le chemin à vos enfants.

Je bois à cette espérance, à cet avenir.
Je bois à vos enfants, mes chers amis, et
à ces traditions de patriotisme et de vaillance qu'ils feront revivre après vous....

Puis M. de Buttet, président de la
commission d'organisation, s'exprime
ainsi :

Messieurs,

Il est des idées qui flottent longtemps
en l'air sans que personne songe à les
mettre en pratique, et le jour où quelqu'un
plus avisé s'en empare et les réalise, tout
le monde applaudit et ne s'étonne que
d'une chose, c'est qu'on ne l'ait pas fait
plus tôt.

Ainsi en a-t-il été pour notre banquet, et
si je résumais la volumineuse correspondance que j'ai reçue à ce sujet, je le ferais
par ces deux mots : Quelle bonne idée,
pourquoi ne l'avoir pas fait plus tôt.

Pourquoi ? C'est peut-être mal aisé à
expliquer complètement. La crainte des
difficultés qu'ont rencontrées des réunions
analogues y a été sans doute pour quelque
chose, mais ce que je puis bien affirmer,
c'est que la principale raison a été une
trop grande modestie de notre part à tous.

Il a fallu longtemps, il a fallu nous faire
une sorte de violence pour nous faire ac-
cepter cette idée que ces sentiments généreux qui faisaient battre nos cœurs à l'u-
nisson pendant la lutte contre l'Allemagne,
que les efforts faits par la Savoie toute
entière, les souffrances supportées, les
périls affrontés en commun et, par-dessus
tout, le souvenir de nos vaillants compagnons tombés au champ d'honneur, tout
cela constituait une page d'histoire digne
d'être sauvée de l'oubli, un souvenir assez
beau et assez pur pour qu'on pût le célé-
brer à lui seul, sans avoir besoin de le
raccrocher à quelqu'autre date ou à quelqu'autre souvenir.

Nous devons donc, avant tout, remercier
ces hommes de cœur et d'initiative qui
nous ont donné pour ainsi dire une meilleure idée de nous-mêmes et qui ont tout
fait pour préparer la réussite de notre
réunion.

Je suis d'autant plus à mon aise pour le
faire que la vérité m'oblige à vous avouer
que je n'ai pas été du nombre de ces ou-
vriers de la première heure, et, pour la
même raison, je puis encore féliciter en
votre nom tous ceux qui, se partageant les

multiples détails que comporte une fête
comme celle-ci, ont généreusement donné
leur temps pour en assurer la réussite et,
à ceux qui ont su donner, tant à cette salle
de banquet qu'à la chapelle où ce matin
beaucoup d'entre nous ont rendu un premier hommage à la mémoire de nos morts,
l'ornementation qui leur convenait.

Et parmi ces hommes dévoués, il serait
injuste de ne pas compter les membres de
l'*Harmonie*, qui ont tant contribué à donner de l'éclat à notre fête et dont le con-
cours empressé indiquait assez les sentiments de sympathie qu'ils professaient à
notre égard.

Un souvenir spécial est bien dû à son
président M. Mossière, qui, par une déli-
cate attention, a voulu prendre rang parmi
nous, non pas comme invité, mais comme
un de nos compagnons au titre militaire.

Et maintenant, si je me suis conformé
scrupuleusement à la tradition qui veut
que dans une commission le président ne
fasse rien, je sors cependant de mon inac-
tion pour remplir la mission la plus facile
et la plus agréable, celle de vous souhaiter
la bienvenue.

Et quand je dis souhaiter la bienvenue,

il faut nous entendre, cela ne veut pas dire
qu'il y en ait parmi nous qui soient les
maîtres du logis et d'autres qui soient
leurs hôtes. Que les uns invitent et que les
autres soient invités. Tous ici nous sommes au même rang.

Nul de nous n'ignore cette belle parole
de Napoléon Ier : « Là où est le drapeau,
là est la patrie. » En l'appliquant à la cir-
constance actuelle, nous devons dire que
là où brille le drapeau des Mobiles, là est
notre centre à tous, et que cette salle, aujourd'hui, par le fait seul qu'il y est
planté, devient pour ainsi dire le foyer
commun où chacun a droit de cité. Donc,
messieurs, à tous il faut dire : vous êtes
ici chez vous.

Et vous y êtes en réalité, plus nombreux que vous ne croyez, car comment
séparer de nous ceux qui, retenus par
quelque obstacle, veulent au moins se
considérer comme étant des vôtres, d'es-
prit et de cœur, et qui nous envoient de
loin un témoignage d'affection si cordial,
qu'il n'est que juste de vous en donner
connaissance.

Voici d'abord un de nos plus dévoués
collaborateurs, M. Chenu, qui, retenu par

une maladie inopinée juste à la veille de
cette réunion, a eu toute la peine sans
avoir la récompense et qui me charge de
vous transmettre l'expression de son pro-
fond dévouement et de sa vive affection,
spécialement pour notre cher commandant, dont la bravoure côtoyait toujours la
bonté, et pour tous, officiers et camarades,
qui sont venus rehausser de leur présence
l'éclat de cette manifestation toute patriotique.

C'est notre vieux capitaine Sorbon qui
maudit plus que jamais ses rhumastismes
dont les neiges de 1870 sont bien un peu
responsables et qui l'empêchent d'assister
à la messe de ce matin dite pour nos chers
morts et au joyeux banquet qui nous
réunit en ce moment.

De loin, des bords de la Méditerranée,
nous arrive un autre souvenir : un ancien
officier de la Haute-Savoie, M. de Ville-
neuve, en m'adressant l'expression de ses
regrets, ajoute, en parlant de vous : « Il
« m'eût été doux d'entendre leurs récits
« et regretter avec eux tous ces braves
« cœurs qui ont payé de leur vie leur dé-
« vouement à la patrie et même de mon-
« trer à leurs camarades un peu de notre

« jalousie pour n'avoir pas, comme eux,
« fourni une page des plus glorieuses et
« des plus consolantes de l'histoire de Sa-
« voie. »

C'est d'une direction toute opposée, de
Paris, que nous vient un autre témoignage
d'affection ; le capitaine de Lassus m'écrit :
« Si j'avais été libre, je ne me le serais
« pas fait dire deux fois ; croyez bien que
« j'ai éprouvé un sentiment de véritable
« satisfaction en voyant qu'on ne m'avait
« pas oublié dans ce cher pays de Savoie ;
« veuillez être mon interprète auprès de
« nos anciens camarades. Je pense à eux
« bien souvent, je me rappelle avec fierté
« toutes les occasions qu'ils m'ont données
« d'admirer la vieille vaillance savoyarde
« et l'amitié qu'ils m'ont constamment té-
« moignée.

« Ce sont là mes meilleurs souvenirs ;
« plaise à Dieu qu'il me soit permis quel-
« que jour d'aller les évoquer sur ces lieux
« mêmes où vous savez les conserver et
« les faire revivre. »

Ce n'est pas la distance ni le poids des
affaires, c'est la maladie, hélas ! qui re-
tient sur son lit de souffrances un de ceux
que nous aurions le plus désiré voir au

milieu de nous, ce vaillant mutilé de Béthoncourt, qu'un magnifique élan avait porté dès l'abord jusqu'aux lignes ennemies et qui, en tombant, a marqué la limite extrême que n'ont pu dépasser les plus braves ni les plus heureux parmi les rares combattants qui avaient pu le suivre.

« C'est avec un vif regret, me dit-il, que
« je me vois privé par ma mauvaise santé du
« plaisir que me promettait la réunion de
« mes anciens camarades, animés par une
« sympathie réciproque et unis par la
« communauté des plus nobles souve-
« nirs. »

MM. Baillard, Bordeaux, Charmot, Chessel, Colonge, Cornilliat, de Quincy, Jacquier, Paccard, Peillonnex, Revil, Thevenet, anciens officiers ; MM. Brunier, Comoz, Rassat, anciens sous-officiers, et bien d'autres que j'oublie nous ont fait tenir leur adhésion et leurs regrets de ne pouvoir assister que de cœur à cette fête de famille. De toutes ces lettres empreintes du plus pur sentiment de confraternité patriotique, vous me permettrez de détacher celle de l'ancien aumônier des Mobiles, celui en faveur duquel, à la fin de

la campagne, les officiers des 3 bataillons
de la Haute-Savoie demandèrent la croix
de la Légion d'honneur :

« J'aurais tant aimé à revoir les *vieux,*
« à causer de nos souffrances, à rappeler
« des souvenirs qui ont cimenté une
« amitié impérissable ou plutôt une vraie
« fraternité.

« Un autre plaisir pour moi aurait été
« de faire connaissance avec les braves de
« la Savoie que je ne connais que de nom
« et qui ont si bien mérité de la Patrie ;
« avec quel plaisir je leur aurais serré la
« main ! »

Enfin, nous entendons les voix les plus
autorisées, celles de nos commandants :
M. Dubois, du 1er bataillon, qui m'écrit :
« Je suis de cœur avec vous et si un jour
« on devait reprendre le chemin de la
« frontière, c'est avec mes anciens soldats
« que je voudrais faire partie de l'avant-
« garde… » et qui termine sa lettre en
portant de loin un toast fraternel et patriotique au souvenir de nos braves camarades tombés au champ d'honneur.

Et un militaire consommé, M. Poussielgue, qui nous adresse ce témoignage
si flatteur et si autorisé en même temps,
venant de lui :

« J'aurais été heureux de passer de
« bons instants au milieu de ces braves
« Mobiles dont la noble conduite a honoré
« la Savoie ; je ne les ai jamais oubliés ;
« je savais tout ce que je pouvais attendre
« de ces braves gens, si dévoués, si prêts
« à toute besogne pénible et périlleuse ;
« je savais que ces gens-là ne bouderaient
« jamais. Les quelques mois que j'ai
« passés parmi eux, je voudrais les revivre
« encore, car, pendant longtemps, j'avais
« rêvé de nouveaux travaux, une revanche
« glorieuse, Iéna après Rosbach..... »

Que répondre à de pareils témoignages
qui nous arrivent de tous côtés, sinon
qu'une telle estime, une telle affection
entre tous, chefs ou soldats, honore autant
les uns que les autres et que si nous sommes
fiers à juste titre de nous entendre dire
qu'on pouvait tout nous demander, nous
savons répondre qu'il y a des cœurs vaillants auxquels on ne pouvait rien refuser.

Et n'est-il pas bien consolant de voir,
malgré les années, malgré les événements,
subsister encore aussi vivante qu'au premier jour cette admirable cohésion qui
avait été, il y a vingt-deux ans, un des
secrets de notre force, une consolation

pour nous dans les moments difficiles et
pour bien d'autres un sujet d'admiration
et d'envie.

Nous terminons cette lecture par un
véritable cri du cœur qui nous rappelle un
nom cher et respecté. Nul de nous n'a
oublié le capitaine de Cordon, ses actions
d'éclat qui lui ont valu la croix et deux
citations à l'ordre du jour, et son affection
profonde pour ses soldats, affection qu'il
dissimulait parfois sous une rudesse cal-
culée, par respect pour la discipline, mais
dont beaucoup d'entre eux ont ressenti
les effets et dont j'ai été vingt fois le confi-
dent ou le témoin. Une maladie dont il
avait contracté le germe pendant la campagne l'a enlevé prématurément, et sa
veuve, avertie de notre réunion d'aujour-
d'hui, m'écrit pour me dire et vous dire à
tous combien elle est touchée du souvenir
que nous gardons de nos morts et du
pieux hommage que nous rendons à leur
mémoire, et, s'inspirant des sentiments
de son mari, elle ajoute : « Si j'avais pu,
je vous aurais envoyé mon fils. »

Il est soldat, lui aussi ; il n'a pas à
chercher loin le modèle à suivre pour sa
carrière ; cependant, s'il eût pu venir au

nom de son père nous apporter le témoignage d'une affection qui survit pour ainsi dire au tombeau, il eût emporté de notre accueil, avec un consolant souvenir, de graves et utiles enseignements.

. . . .

Et maintenant, après un salut cordial envoyé à tous ces chers absents, si présents à notre pensée, salut à vous tous que nous avons la bonne fortune de voir réunis autour de ce banquet ; oui, salut à tous, sans exception ni réserve, à tous sans distinction, car vous y avez tous un droit égal en vertu de ce grand lien formé entre nous des mêmes espérances, des mêmes pensées et du même amour, l'amour de la patrie déchirée et sanglante.

A tous, Messieurs, à ceux qui, comme moi, se contentant d'accomplir modestement le devoir qui leur était tracé, n'ont pas donné à l'histoire le droit d'inscrire leurs noms sur ses tablettes, et aux chefs dévoués dont l'exemple nous entraînait et qu'il était si facile de suivre.

A nos volontaires, et ils étaient nombreux, disons-le à leur éloge, depuis ces jeunes qui avaient à peine la taille militaire et qui ont dépensé, pour être admis à faire campagne, plus d'intrigues que d'autres n'en ont employé ailleurs pour se mettre à l'abri des mauvais hasards, jusqu'à ceux qui, arrivés à l'âge où la loi ne les atteignait pas, ont su comprendre et devancer l'appel muet que la patrie en danger osait à peine leur adresser.

A ceux surtout qui, après une carrière militaire bien remplie, ont fait comme ces soldats qui, à la fin d'une rude journée, apprenant qu'on a besoin d'eux encore ailleurs, rajustent le sac d'un coup d'épaule et repartent gaîment pour doubler l'étape, qui, longtemps après que l'âge de la retraite avait sonné pour eux, ont voulu apporter à nos troupes improvisées l'appui précieux de leur expérience et les ont conduit avec une vigueur que l'entrain de leurs jeunes soldats ne parvenait pas à dépasser.

A ceux encore qui, par leurs actions d'éclat, ont mérité de voir briller sur leur poitrine le signe des braves et qui ont su si bien en faire rejaillir quelques rayons sur leurs compagnons, qu'il semble que cet honneur si bien conquis par eux soit devenu un peu le patrimoine commun de tous.

A vous surtout qui portez sur vos corps mutilés la marque glorieuse du sacrifice vaillamment accompli ; à vous, nos chers blessés, les frères chéris de la grande famille militaire, que nous entourons d'un respect particulier et que nous montrons avec orgueil à la génération qui nous suit.

A vous, enfin, notre courageux aumônier que nous avons bien vite reconnu sous votre nouvel habit ; la robe blanche du religieux ne nous a point fait oublier le noir manteau qui, à côté de nous, a flotté successivement aux brises de la Loire et aux vents glacés des montagnes de l'Est et que les balles prussiennes ont troué en maint endroit pendant que sur le champ de bataille vous vous penchiez sur les soldats qui tombaient pour recevoir leurs dernières paroles et leur verser une suprême consolation.

Tous, sans distinction, je puis le dire, nous saluons en vous l'alerte compagnon de nos étapes, le visiteur assidu de nos ambulances, en un mot l'ami fidèle des jours mauvais.

Vous avez été à la peine, nous vous mettons à l'honneur, car l'ingratitude n'a pas droit de cité parmi nous.

Et maintenant, Messieurs, élevons nos
regards et nos cœurs pour rendre un nouvel et respectueux hommage à ceux de nos
compagnons qui nous ont quittés pour
toujours, à ceux surtout qui ont consommé
le sanglant sacrifice et dont il me semble
que les âmes si chères planent encore sur
nous en ce moment au milieu des plis fris-
sonnants de ces drapeaux qui nous entou-
rent ; notre première pensée a été pour
eux ce matin ; c'est à eux aussi que nous
penserons à la fin de ce banquet, c'est à
eux encore que nous penserons demain et
tous les jours ; on nous l'a dit, ce n'est pas
en vain que leur sang a rougi la terre, et
de cette semence féconde sortira la moisson nouvelle ; nous ferons plus que de
garder pieusement leur mémoire, nous la
ferons honorer par la génération qui gran-
dit à côté de nous et dont le bonheur, nous
l'espérons, a déjà été payé d'avance par
les douleurs et les sacrifices de la nôtre.
Elle puisera comme nous, dans ces nobles
souvenirs, le baume fortifiant des mâles
vertus et des immortelles espérances.

Enfin, au nom des Mobiles de la
Haute-Savoie, M. Descostes, ancien

capitaine au 3ᵉ bataillon, adresse à l'assemblée l'allocution suivante :

Mon Commandant, Messieurs,

Permettez-moi, à mon tour, au nom des anciens mobiles de la Haute-Savoie, de vous remercier, du fond du cœur, de l'honneur que vous leur avez fait en les conviant à ce banquet, que j'entendais, il n'y a qu'un instant, appeler de son vrai nom : « une fête de famille. » Survivants du combat de Béthoncourt, vous avez voulu, en célébrant et en faisant revivre les souvenirs déjà bien lointains de l'année terrible, élargir en quelque sorte vos rangs et appeler à vous tous ceux de vos compagnons d'armes qui, à des titres divers et dans une mesure plus modeste, ont, sur d'autres points du territoire envahi de la patrie, suivi de loin votre exemple et rempli leur devoir de soldat et de Français.

J'en rends grâces, Messieurs, aux promoteurs si bien inspirés, aux organisateurs si dévoués de cette réunion patriotique. Ils ont obéi à une pensée saine, fortifiante et féconde, à l'une de celles auxquelles on ne saurait trop applaudir dans nos temps troublés ; ils ont estimé avec raison que si des nuances d'opinions et des dissentiments d'ordre politique peuvent encore nous diviser, il y a un terrain sur lequel il n'y a jamais eu, il n'y a pas et il n'y aura jamais de division entre nous, où nous n'avons plus qu'un cœur et qu'une âme, où il n'y a plus parmi nous que des enfants d'une même mère, où il nous est permis de nous donner l'accolade avec la spontanéité, la cordialité, l'émotion de l'ancien clairon de Béthoncourt se jetant ce matin au cou de son commandant : ce terrain, c'est celui de l'amour de la patrie et de l'honneur du drapeau !...

Eh bien ! Messieurs, cette belle journée n'est-elle pas l'affirmation éclatante de ce culte sacré qui a fait de tout temps la note dominante, le trait caractéristique et comme l'apanage traditionnel de notre vieille terre de Savoie ?

L'année terrible, à côté de ces désastres inoubliés, de ses malheurs irréparables et de ses blessures toujours saignantes, n'at-elle pas eu pour nous, Savoyards, ce beau et grand côté, qu'elle nous a permis de montrer à nos frères de France ce qu'ils avaient dans le ventre, ces fiers et robustes enfants de la montagne, ces fils des héros au collet rouge, qui, en 1859, sous la croix blanche de Savoie, avaient préparé, sur les champs de bataille de la Lombardie, cette fusion, cette annexion par le

sang versé, qui, en 1870, devait s'opérer
d'une façon plus intime et plus complète
encore, sous le drapeau aux trois cou-
leurs de la France envahie et vaincue?...

A ce moment, et à vingt-deux ans de
distance, je revis avec vous par la pensée
ces heures d'angoisse, de fièvre, de colère
et de saint enthousiasme qui sonnaient
alors d'une façon si lugubre dans le cœur
de la France ; à travers les épisodes de ce
drame qui fut comme l'épopée de l'héroïsme malheureux, je vois se détacher
nettement l'image de notre Savoie se levant
comme aux jours dont parle l'*Homme
d'autrefois*, où, sous nos anciens princes,
l'appel aux armes venait réveiller les
échos de nos montagnes et où chacun par-
tait, sur l'heure, simplement, sans bruit,
sans récrimination et sans regret, de
ce pas ferme et décidé du montagnard,
pour aller, les yeux fermés, là où étaient
le devoir et l'honneur !...

A ce moment, j'assiste, comme si c'était
d'hier, à toutes ces scènes dont nous avons
été les témoins ou les acteurs ; je vois
partir d'ici ce vaillant 47ᵉ de ligne, où il y
avait tant de Savoyards, et qui devait
être, quelques jours après, décimé ; je retrouve des Savoyards dans la charge lé-
gendaire des cuirassiers de Reischoffen ;
je les vois se couvrir de gloire et nous

marquer la route avec les Borson, les
Goybet, les Raymond, les Olivier Costa,
les Picolet d'Hermillon et tant d'autres , sur les bords du Rhin, à Sedan
et à Metz ; puis, j'entends le coup de
clairon qui fit de nous, mobiles, des soldats improvisés, à peine équipés, insuf-
fisamment armés, partant quand même —
é Capoë ! — au chant de l'hymne des
Allobroges, et allant où l'on nous disait
d'aller, les uns sur les bords de la Loire,
les autres dans les Vosges. J'assiste à ce
combat de Beaune-la-Rollande, où le
commandant Dubois et son bataillon
s'élancent en avant, électrisés par ces
mots de l'amiral Aube : « *Soldats ! sou-
venez-vous que vous êtes les fils des
héros de la Brigade de Savoie ! Voilà l'ennemi !...* »
Je vois les trois bataillons de la Haute-
Savoie, défendant Langres, les premiers
au feu, partout où il y avait à donner,
sous des chefs tels que Bastian, Henry et
ce commandant Poussielgue, dont je salue
la vigoureuse vieillesse et auquel j'envoie
de loin le témoignage de la reconnais-
sance de ses anciens soldats ; je vois les
Chasseurs des Alpes et du Mont-Blanc
leur donnant la réplique à Châtillon-sur-
Seine et à Dijon ; et, au-dessus de cet
harmonieux concert, j'entends crépiter

comme un chant désespéré de bravoure, comme l'hymne sublime du sacrifice et de la fidélité, la glorieuse fusillade de Béthoncourt !...

Vous en étiez, Messieurs, et c'est à vous vraiment que doit revenir, avant tous autres, l'honneur de ce vingt-deuxième anniversaire ; car c'est le 1er bataillon de mobile de la Savoie qui a, en quelque sorte, résumé, condensé, personnifié et porté à son plus haut degré de mérite le tribut de sang et de gloire que la Savoie a apporté à l'œuvre sacrée de la défense du pays.

Et, dans cette douloureuse et consolante évocation du passé, comment oublier, comment ne pas placer au premier rang à l'honneur, celui qui était au premier rang au péril le 16 janvier 1871, celui qui fut votre père en même temps que votre commandant, celui qui vous donna l'exemple, et qui, sur les bords de la Lizaine, se dressant de sa haute taille en face de l'ennemi, apparaissait comme l'image de ces anciens preux montrant à nos jeunes soldats de 1871 de quelle façon la noblesse du nom sait se rajeunir et se retremper dans cette source pure et fécondante qui est l'inspiratrice de tant de grands sentiments et de grandes actions : le courage chrétien et l'honneur militaire !... *(L'orateur est interrompu pendant quelques minutes par les acclamations de l'auditoire, qui fait une ovation enthousiaste au commandant Costa.)*

Comment ne pas saluer, aux côtés du commandant Costa, le vaillant officier qui tomba près de lui et qui, s'il a laissé en pleine jeunesse sa santé et une portion de son corps sur le champ de bataille, y a récolté la croix des braves et une moisson de gloire, d'estime et d'impérissables sympathies ?

Comment oublier cet aumônier qui fut, lui aussi, un brave, et qui gagna, ce jour-là, sous son manteau flottant au vent des balles, ses grandes lettres de naturalisation savoyarde, en combattant avec la croix, en montrant à nos blessés et à nos mourants la palme du martyre, dans le ciel entr'ouvert, au-dessus de ce champ de neige rougi de leur sang généreux ?...

Et comment, dans cette réunion des survivants, ne pas penser à ceux qui ne sont plus, à ces 72 qui reposent sur la frontière et qui sont tombés face à l'ennemi ; à Milan, qui se fit tuer, l'épée haute, en entraînant ses hommes ; à Demoulin, cette noble victime du devoir ; à Besancenot, qui, criblé de balles, sauvait la vie à un camarade en le couvrant de son corps ; au capitaine de Cordon, que

les balles épargnèrent alors, dont elles ne
trouèrent que la capote, mais qu'une mort
prématurée devait enlever, trop tôt, hélas ! à la famille du drapeau dans laquelle
ses fils, qui ont de qui tenir, s'apprêtent,
aux côtés de ceux du capitaine du Noyer,
à continuer ses traditions d'honneur et de
bravoure.

J'ai dit ses fils : c'est la jeune génération qui s'avance, c'est la Savoie, c'est la
France nouvelle qui peut regarder l'avenir
en face et attendre, sans provocation comme
sans crainte, que Dieu permette aux blessures de se cicatriser et à la patrie de reprendre, s'il se peut, par le seul effort de
la justice internationale et du prestige
d'un grand pays relevé vis-à-vis de l'étran-
ger par son admirable armée, les frontières
naturelles qu'il a perdues.

Eh bien! à cette grande œuvre — et c'est
par là que je termine — il fallait que les
combattants de 1870 apportassent leur
pierre. Vous la lui apporterez aujourd'hui,
Messieurs, et la patrie vous en sera reconnaissante ; mais il ne suffit pas de
simples paroles et des effusions passa-
gères d'un banquet patriotique pour que
cette pierre soit une *pierre,* c'est-à-dire
un acte, une manifestation durable et féconde.

Je voudrais que quelque chose survécût

à notre réunion d'aujourd'hui. Je voudrais qu'un lien plus étroit unît désormais tous les anciens mobiles des deux Savoie, sous la présidence d'honneur de celui qui commanda les plus glorieux de tous.

Je voudrais que, de cette journée, sortît un projet de monument patriotique, dont nous pourrions demander l'ébauche à votre commandant qui manie aussi bien le burin que la plume, la parole et l'épée.

Je voudrais que, chaque année comme ce matin, nous nous souvinssions de nos morts et qu'un service funèbre célébré pour le repos de leur âme fût comme le trait d'union entre eux et nous.

Je voudrais, en un mot, que cette journée ne fût pas un souvenir que le temps emporte, mais une date et le point de départ d'une réunion périodique et d'une action continue, qui serait pour les jeunes un enseignement et un exemple.

Je sème le grain ; à vous, mes chers camarades, de le faire germer ; mais, en attendant, jouissons de l'heure présente, jouissons-en sans arrière-pensée, sans préoccupation d'aucune sorte ; remercions le ciel de nous permettre de nous retrouver, vieillis de vingt-deux ans, mais le cœur toujours aussi jeune ; oublions tout ce qui nous peine, tout ce qui nous humilie et tout ce qui nous divise, pour ne songer

qu'à ce qui nous réconforte, nous relève
et nous réunit ; unissons nos cœurs, cho-
quons nos verres et buvons avec une noble
fierté, avec une sainte émotion, aux souvenirs de 1870, à ceux qui ont écrit ces
pages douloureuses et glorieuses à la fois,
à ceux qui, sous la présidence d'un combattant de Béthoncourt, ont eu la patriotique idée de les rajeunir, à celui qui vous
commandait le 16 janvier 1871, à ce commandant des âmes, à cet aumônier qui
vous assistait sous le feu de l'ennemi, à la
mémoire de ceux qui y ont sacrifié leur vie
et qui s'y sont couverts de gloire !...

En les saluant, ne saluons-nous pas
notre Savoie bien-aimée et, avec elle et
dans elle, la patrie, cette France immor-
telle qui a survécu, qui survivra à toutes
ses épreuves et dont nous resterons jusqu'à notre dernier souffle les fils, comme
nous en avons été et comme nos fils en se-
ront les défenseurs et les soldats !...

Messieurs, je bois à la France !...

M. de Saint-Jean, qui est d'origine
bretonne et qui a fait vaillamment son
devoir sous les murs de Langres, a bu
à l'union des Mobiles savoyards et
bretons dans les souvenirs communs
de la défense nationale.

Sur la proposition de M. Descostes, un comité a été nommé pour préparer les statuts d'une Société d'anciens Mobiles et mener à bien un projet d'érection de monument à la mémoire des enfants de la Savoie morts pour la patrie. Le marquis Costa a été acclamé président d'honneur ; le Père Jutteau, membre d'honneur ; les commandants Poussielgue, Dubois et Henry, vice-présidents d'honneur ; MM. de Buttet, Rebaudet, Descostes, Raymond, Gabet, Viviand et Mareschal, membres du comité provisoire d'organisation.

Cette belle journée, dont la politique avait été soigneusement bannie, laissera un consolant souvenir dans le cœur de tous ceux qui y ont pris part. Elle a réuni sur un terrain commun des gens d'opinions différentes, ayant tous fait leur devoir sous le même drapeau, et elle a prouvé en particulier combien sont restés étroits et vivants les liens qui unissent les braves Mobiles de Savoie à des chefs

tels que le commandant Costa de
Beauregard : les témoignages d'affec-
que celui-ci a reçus et l'enthousiasme
que sa présence, aux côtés de ses anciens officiers, a provoqué, ont dû
leur prouver qu'il y a des services qui
ne s'oublient pas et que l'ingratitude
n'a pas droit de cité chez nous ; sous
ce rapport, on pouvait croire, hier —
à revoir les survivants de cette grande
famille — qu'ils avaient tous vingt-
deux ans de moins.

La note vraie de cette fête a été don-
née par l'*Indicateur savoisien,* dans un
article dû à la plume de M. Mossière :

« Quelle cordialité touchante a régné
entre tous ceux qui ont eu le bonheur
d'assister à ce banquet ! Quelle communauté de sentiments ! Quelle sympathique
expansion entre ces représentants des di-
verses classes de la société, qui revivaient
pour ainsi dire dans le passé, qui échan-
geaient leurs souvenirs personnels sur
cette malheureuse campagne de 1870-1871,
mais qui en atténuaient les regrets par le
légitime orgueil du devoir accompli et des
souffrances endurées ! Et comme il n'y

avait là que des hommes d'un âge mûr,
ayant oublié depuis longtemps les droits
et les exigences de la hiérarchie militaire,
jadis comprise et respectée par eux, il est
arrivé que, si l'on entendait cependant les
convives s'appeler entre eux par le titre
qu'ils avaient autrefois, si les mots de
commandant, de capitaine, de sergent et
de caporal s'entre-croisaient dans le feu de
la conversation, c'était avec un caractère
d'intimité affectueuse, de sympathie franche et reconnaissante, où l'on sentait que
tout ce monde n'avait qu'une unique pensée d'accord et de fraternité sur ce terrain
du patriotisme. »

---

*Avant de donner le signal du départ, le com-
mandant a annoncé, à ses anciens compagnons
d'armes, qu'un compte-rendu détaillé de la réunion serait incessamment publié et distribué à
tous ceux qui y avaient pris part, et il leur a
donné rendez-vous à l'année prochaine, à pareil
jour.*

LISTE DES CONVIVES

AU BANQUET DU 22 JANVIER 1893

— ❧❀❧ —

MM.

Marquis Costa de Beauregard, chef de bataillon, chevalier de la Légion d'honneur (blessé).

De Saint-Jean, capitaine (Haute-Savoie), chevalier de la Légion d'honneur, décoré de la Médaille militaire et de la Médaille de Crimée.

Descostes François, capitaine (Haute-Savoie).

Latil Paul, capitaine (Haute-Savoie).

Baron Du Noyer Frédéric, capitaine, chevalier de la Légion d'honneur, La Motte-Servolex.

Baron Du Noyer Max, capitaine, Chambéry.

Abbé Jutteau, aumônier militaire, Orléans.

De Buttet Édouard, lieutenant, Chambéry.

Carle Joseph, lieutenant, Chambéry.

Dorlut, lieutenant, chevalier de la Légion d'honneur, Aix-les-Bains (blessé).

Friol Antoine, lieutenant, Chambéry.

Gabet Antoine, lieutenant, Chambéry.

Janin Antoine, lieutenant, chevalier de la Légion d'honneur, décoré de la Médaille militaire et de la Médaille de Crimée, Cognin.

Mareschal Laurent, lieutenant, chevalier de la Légion d'honneur, Chambéry.

Rey Pierre, lieutenant, la Rochette.

Viviand Charles, lieutenant, Chambéry.

(M. Mossière, ancien colonel d'une légion de mobilisés de la Savoie, avait également pris place parmi les officiers de la garde mobile).

MM.

REBAUDET, sergent-major, Aix-les-Bains.
BARLET Édouard, sergent, Chambéry.
BOLLIET Antoine,   id.   Aix-les-Bains.
GERMAIN Gaspard,   id.   Albens.
GOTTELAND Claudius, id.   Chambéry.
JANIN Claude,   id.   Cognin.
LAUBIN,   id.   Pont-Beauvoisin.
MARTIN, percepteur, id.   les Échelles.

BOCQUIN Louis, caporal, Chambéry.
CANET Constant, id.   Chambéry.
DELABEYE, caporal, Pont-Beauvoisin, décoré de
  la Médaille militaire (blessé).
FAITAZ Philibert, caporal, Chambéry.
FOLLIET Claude-François, caporal, Chambéry,
TARDY Jean-Louis, caporal, Chambéry.

AMBLARD Amédée, Corbel.
BERTHET Jean, Chambéry.
BILLIARD Charles, Curienne.
BONNIVARD, Saint-Alban.
BURILLE Eugène, Corbel.
CATTIN Charles, les Échelles.
CHEVALLIER Nicolas, Chambéry.
CLERC, négociant, Lyon.
COUTIN Joseph, Chambéry.
DAGAND, Aix-les-Bains.
DIDIER Eugène, Chambéry.
DOMENGET Louis,   id.
DONAT Claude,   id.
DOUVRES Basile,   id.
FÉLIX Étienne,   id.
FOLLIET Antoine, id.
FOREST, Saint-Alban.
GAMEN Laurent, Chambéry.
GIRERD Albert, Aix-les-Bains.

MM.

GOTTELAND Henri, Chambéry.
GOTTELAND dit PRINCE, Barberaz.
HIVERT Joseph, Chambéry.
JACQUELIN François, Chambéry.
MAUDRAY François, Albens.
MARTIN, négociant, Chambéry (blessé).
MERLE, Chambéry.
MIÈGE Étienne, Saint-Baldoph.
MINET Jean-Pierre, Chambéry.
MONARD Joseph, Chambéry.
MONGELAZ, clairon, Chambéry (blessé).
MONGELAZ, Puisgros.
NOIRAT Michel, Chambéry.
PARPILLON, boulanger, Chambéry.
PÉTRAZ André, Aix-les-Bains.
ROGNARD Pierre, Chambéry.
SCHTALL, Aix-les-Bains.
SULPICE Étienne, Bissy.
TEPPAZ Pierre, Chambéry.
TREFFORT Pierre, Albertville (blessé).
VALLET Guillaume, Saint-Thibaud de Couz.
VALLET Pierre, Chambéry.

www.ingramcontent.com/pod-product-compliance
Lightning Source LLC
Chambersburg PA
CBHW071005280326
41934CB00009B/2185